Originalausgabe
Text: Johanna Lindemann
Umschlag- und Innenillustrationen: Stefanie Klaßen
Lektorat: Marlen Bialek
Produktionsmanagement: Derya Yildirim
Lithografie: Buss & Gatermann, Hamburg
ISBN 978-3-551-52232-0

Noch mehr schöne Bücher findest du auf www.carlsen.de

Johanna Lindemann

Aylin, Leon und das Geheimnis der Rabenmagie

Mit Bildern von Stefanie Klaßen

In alten Zeiten waren Raben besondere Tiere.

Wenn sie deinen Weg kreuzten,

so glaubte man,

lag Zauberei in der Luft.

Aylin wundert sich über die Löwen in ihrem Zoo. Wie kann man so gefräßig sein! Unglaublich, was für Unmengen an Fleisch sie verdrücken. Geschafft! Jetzt nur noch schnell das Gorillagehege putzen, dann ist alles fertig. – Aber oje: Wie sieht es denn hier schon wieder aus? Aylin seufzt und schnappt sich das Putzzeug. Nun aber schnell! In fünf Minuten öffnen die Zoopforten. Für den heutigen Tag hat Aylin einen neuen Besucherrekord geplant: Dafür hat sie extra den Außenbereich der Eisbären erweitert und eine gläserne Achterbahn über alle Gehege gebaut.

KLACK, KLACK, KLACK.

Was ist das denn für ein Geräusch?

Aylin legt ihr Tablet auf das neue Samtsofa und schaut sich um. Woher kommt denn das komische Geräusch?

KLACK, KLACK, KLACK.

Die Sommersonne strahlt hell durch die riesigen Wohnzimmerfenster, sodass Aylin die Augen zusammenkneifen muss, um etwas zu erkennen. Moment mal: Sitzt da nicht ein unfassbar süßes Vogelbaby auf der Terrasse und starrt sie aus seinen schwarzen Knopfaugen an? Was für eine lustige Feder auf seinem Kopf wibbelt! Sie ist

ein bisschen länger als die anderen und sieht fast aus wie eine kleine Antenne. Hat der Vogel gerade absichtlich mit seinem Schnabel gegen die Scheibe geklopft?

»Mama!«, ruft Aylin. »Da ist ein Vogelbaby! Mamaaaaaaaaaaaa!!!!!«

Aus dem Arbeitszimmer von Aylins Mama ertönt laute französische Musik.

»Immer muss sie diese ollen Schongsongs hören«, grummelt Aylin.

Vor wichtigen Videokonferenzen entspannt Aylins Mama Layla zu französischer Chanson-Musik, denn die versetzt sie in beste Laune für die anstehenden Geschäftsverhandlungen.

KLACK, KLACK, KLACK.

Schon wieder! Der kleine Vogel klopft eindeutig mit seinem Schnabel gegen die Scheibe, als ob er Aylin etwas sagen will.

Das gibts doch gar nicht, staunt Aylin.

Jetzt macht er sogar mit seinen Flügeln eine einladende Bewegung, als ob er möchte, dass Aylin ihm folgt.

»MMMMMAAAMMMMMMAAAAAA!!«, schreit Aylin so laut, wie sie kann.

Wie eine Rakete kommt Aylins Mama angerast. Trotz der Chansons sieht sie ein bisschen gestresst aus und ruft besorgt: »Ist was passiert?«

Doch der kleine Vogel ist verschwunden.

»Immer kommst du zu spät«, brummt Aylin.

»Da war ein Vogelbaby. Auf unserer Terrasse! Ich glaube, es wollte mir was zeigen oder so.«

Erleichtert, dass nichts Schlimmes passiert ist, streichelt Aylins Mama ihr über den Kopf und sagt:

11

»Das finde ich eine Spitzenidee. Guck doch mal, ob du das Vogelbaby draußen findest. Die Sonne scheint so schön!«

Empört schüttelt Aylin die Hand ihrer Mama ab und sagt: »Auf keinen Fall. In zwei Minuten öffnet mein Zoo.«

Sanft sagt Mama: »Draußen gibt es auch Tiere, echte Tiere. Außerdem lernst du dort bestimmt auch ein paar echte Kinder kennen.«

»Kein Interesse«, antwortet Aylin und schnappt sich wieder ihr Tablet.

Aylins Mama seufzt und geht erst mal in die Küche, um sich ihre elfte Tasse Kaffee für heute zu holen.

Aylin sitzt immer noch am Tablet.

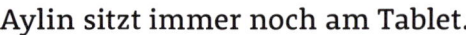

»Komm schon. Jetzt reicht es«, sagt Aylins Mama. Dann schaut sie auf ihre goldene Armbanduhr. »Du spielst seit dem Mittagessen, oder? Seit drei Stunden!«

»Du sitzt doch selbst die ganze Zeit vorm Rechner«, schimpft Aylin.

»Das ist was anderes, das weißt du ganz genau. Ich verdiene damit unser Geld. Außerdem diskutiere ich darüber nicht mit dir. Los, ab nach draußen. Ich hab gleich eine wichtige Konferenz mit China.«

Layla streckt ihre Hand aus, damit Aylin ihr das Tablet gibt.

Aylin schreit: »Das kannst du doch nicht machen! Gleich kommen Tausende Besucher in meinen Zoo. Die wollen alle mein neues Eisbärengehege sehen!«

12

»Nix da, für heute reichts. Raus hier, aber ZACK, ZACK!«

Wenn Aylins Mama ZACK, ZACK sagt und dann noch ihren Keine-Diskussionen-Blick aufsetzt, weiß Aylin, dass sie verloren hat.

Wütend steht sie auf und ruft: »Das ist so gemein von dir!«

Beim Rausgehen steckt Aylin noch schnell ihr Smartphone in die Hosentasche.

Doch im Handumdrehen nimmt Mama es ihr ab: »Das Handy bleibt schön hier!«

Jetzt bekommt Aylin richtig schlechte Laune: »Was soll ich denn draußen? Ich kenn mich hier doch gar nicht aus.«

»Hier in der Nähe ist doch ein toller Spielplatz. Im Park, weißt du noch? Bestimmt lernst du im Handumdrehen ein paar neue Kinder kennen.«

Todesgenervt geht Aylin zur Haustür.

Aufmunternd ruft Mama ihr hinterher: »Sobald der China-Vertrag unter Dach und Fach ist, hab ich auch wieder mehr Zeit. Versprochen!«

Aber das hört Aylin schon nicht mehr, weil sie bereits die Haustür hinter sich zugeschlagen hat.

Schlecht gelaunt trottet sie den Fußweg runter zum Park, ohne Tablet, ohne Handy, quasi nackt.

Oh, wie sie es hasst, schon wieder neue Freunde suchen zu müssen.

Ihre Mama stellt sich das immer so einfach vor. Ist es aber nicht. Vor allem wenn sie ständig alte Freundinnen zurücklassen muss, weil sie ständig umziehen muss wegen Mamas Job. Es ist ja toll, dass Mama so viel Geld verdient und so obermegawichtig ist. Aber die ewige Umzieherei und die viele Arbeit nerven gewaltig.

Mama hat Aylin hoch und heilig versprochen, dass sie in dieser Stadt erst mal bleiben werden. Denn nach den Sommerferien kommt Aylin endlich in die Schule.

Als Aylin den Spielplatz gefunden hat, lässt sie sich auf eine Schaukel plumpsen. Sie schaut sich um: Im Sand sitzen nur Eltern mit ihren plärrenden Babys, lauter kleine Schreivögel. Genervt beginnt Aylin zu schaukeln.

KRAH! KRAH! KRAH!

Was ist denn das schon wieder für ein Geräusch?

Das kann doch kein Baby sein!

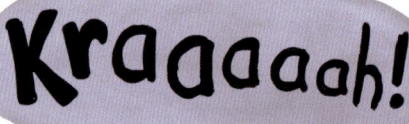

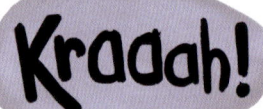

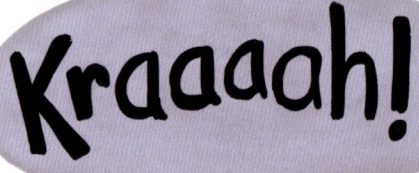

Aylin lauscht konzentriert: Es hört sich an wie Vogelkrähen. Und es klingt verzweifelt. Noch im Flug springt Aylin von der Schaukel. Irgendwo ist ein Tier in Not, hier ganz in der Nähe! Sofort rennt Aylin los, um es zu suchen.

Leon steht mit seinem Papa Pascal in der Küche und kocht Quiche Lorraine, nach dem Spezialrezept von Opa Claude. Mit dem extrakrümelig-leckeren Mürbeteigboden. Sie müssen gut zusammenarbeiten, denn die Arbeitsfläche in der neuen Küche ist kleiner als in ihrer alten Wohnung.

Jetzt muss der Teig noch 30 Minuten ruhen, bevor der Belag draufkommt. Während Pascal die Küche aufräumt, soll Leon nachschauen, ob die Post schon da war.

Leon will seinem Papa zeigen, wie schnell er die Post holen kann. Er schaltet seinen Turbo ein und saust die Treppen hinunter. Im Nullkommanix ist er wieder da und überreicht Papa freude-strahlend den gelben Brief, der im Briefkasten war.

Doch Papa freut sich gar nicht. Es ist einer von diesen unange-nehmen Briefen. Leon sieht das an dem Gesicht seines Papas.

Leon weiß, was jetzt passiert. Sein Papa wird den Brief auf den Stapel mit den anderen unangenehmen Briefen legen. Dann wird er sich im Wohnzimmer auf das Bettsofa legen und aus dem Fenster starren. Leon denkt an den Ausflug, den sie eigentlich heute machen wollten. Das wird nichts mehr.

KLACK, KLACK, KLACK.

Was ist das für ein Geräusch? Leon schaut zum Küchenfenster. Ein kleiner Kolkrabe mit einer lustigen Wibbelfeder auf dem Kopf sitzt auf dem Fensterbrett und schaut ihn mit seinen schwarzen Knopfaugen an. Der Rabe sieht aus, als ob er Leon etwas Wichtiges sagen will. Als ob Leon ihm dringend folgen soll. Leon überlegt. Sein Papa sieht aus wie ein Luftballon, aus dem die Luft herausgelassen wurde. Das kann dauern. In der Zwischenzeit könnte Leon nachschauen, was es mit dem kleinen Kolkraben auf sich hat. Leon schnappt sich sein geliebtes Rabenbuch, das er zu seinem letzten Geburtstag bekommen hat, und rennt hinaus.

Oben am Himmel sieht er den Kolkraben, wie er in Richtung Park fliegt. Leon folgt ihm den ganzen Weg hinunter bis zum Parkeingang. Dann ist der Rabe plötzlich weg.

Stattdessen hört Leon ein jämmerliches Krähen.

Kraaaah!

Kraaaaah!

Auf der großen Wiese steht ein alter Kastanienbaum. Gerade als Leon zu dem Baum rast, kommt auch Aylin angeflitzt. Sie saust einmal um den Baum herum, während sie Ausschau nach dem Vogel hält. Ob er in der Baumkrone sitzt?

Aylin ist so vertieft, sie merkt gar nicht, dass sie nicht die Einzige ist, die nach der Quelle des Krähens sucht.

PENG!

Aylin und Leon knallen voll gegeneinander, fallen gleichzeitig rückwärts um und landen auf ihrem Po.

Im nächsten Moment rappeln sie sich wieder auf und sagen, wieder gleichzeitig:

»Entschuldige bitte!«

»Bitte entschuldige!«

Aylin und Leon starren einander überrascht an und müssen lachen über so viel Gleichzeitigkeit.

Doch dann ertönt das Krähen wieder. Diesmal noch herzzerreißender:

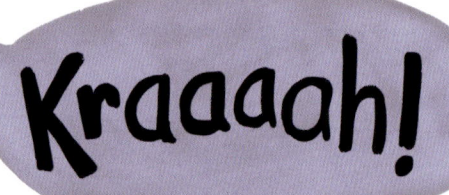 

Leon schluckt. Besorgt sagt er: »Klingt nach einem Vogelküken. Vielleicht ist es aus seinem Nest gefallen.«

»Kann sein, ja! Komm, wir suchen zusammen«, ruft Aylin entschlossen.

Sie durchkämmen den ganzen Park. Wirklich überall suchen sie.

Schließlich erreichen die Kinder einen Teich, der von einem kleinen Zaun umgeben ist. Im Wasser des Teichs liegen große, graue Steine, die ein bisschen aussehen wie die Rücken von riesigen Walrossen.

Auf einem dieser Walrossrückensteine steht ganz verloren ein schwarzes Vogelbaby, auf seinem Kopf wibbelt eine lustige Feder! Das Küken fuchtelt wie wild mit seinen Flügeln und deutet – das kann doch nicht wahr sein, oder? Doch, doch, Aylin und auch Leon sind sich ganz sicher: Das Küken deutet auf sie.

»Das gibts doch gar nicht!«, ruft Aylin. »Das ist der Vogel, der vorhin gegen meine Fensterscheibe geklopft hat.«

Leon ruft erstaunt: »Bei mir auch!« Aylin und Leon schauen sich staunend an. Da ruft Aylin: »Spinn ich oder schimpft er mit uns?«

»Als ob er sich beschwert, dass wir ihn nicht schnell genug gefunden haben!«, wundert sich Leon.

Aylin nickt: »Ich hatte vorhin schon das Gefühl, dass er mit mir redet und mir etwas Wichtiges sagen will.«

»Das kann durchaus sein«, überlegt Leon. »Raben galten früher als Überbringer von Nachrichten – und zwar nicht von irgendwelchen, sondern von magischen Nachrichten!«

»Wirklich? Wow!«, staunt Aylin. »Ob er uns auch eine magische Nachricht überbringen will?«

Die zwei Kinder schauen sich den kleinen Raben an, der immer noch wie irre mit seinen Flügeln wedelt. Sehr magisch sieht das nicht gerade aus, eher ziemlich witzig.

»Warum kennst du dich eigentlich so gut mit Raben aus?«, will Aylin wissen.

Leon zeigt ihr das kleine Taschenbuch, das er immer dabeihat: *Von Raben und Krähen* steht in weißen Buchstaben auf dem roten Umschlag. Das Buch sieht schon ein bisschen abgegriffen aus.

»Hat mir mein Papa geschenkt.«

»Kannst du schon lesen?«

»Ein bisschen schon«, sagt Leon stolz. »Hat mir mein Papa beigebracht.«

Aylin brummt: »Meine Mama hat nie Zeit.«

»Mein Papa hat zu viel Zeit. Auch nicht gut«, lächelt Leon schief. »Kommst du nach den Ferien auch in die Schule?«

Aylin nickt: »Endlich! Wie heißt du eigentlich?«

»Leon. Und du?«

»Aylin.« Besorgt beobachtet Aylin den kleinen Raben: »Schau mal, ich glaube, er kommt nicht mehr weg von dem Stein – vielleicht sollen wir ihn retten!«

Der kleine Rabe wedelt mit seinen Flügeln hin und her.

»Das könnte sein«, überlegt Leon. »Aber vielleicht übt er auch gerade fliegen, irgendwie muss er ja auf den Stein gekommen sein. In meinem Buch steht, dass man immer erst beobachten soll, wenn man einen Vogel in freier Wildbahn findet. Möglicherweise kommen auch gleich seine Eltern angeflogen. Meistens sind die Vogeleltern nämlich ganz in der Nähe und gerade auf Futtersuche oder so.«

Das leuchtet Aylin ein. Natürlich will auch sie keinen Fehler machen.

»Verstanden. Wir beobachten erst mal.«

Sie legen sich nebeneinander auf den Rasen und beobachten.

»Beobachtest du öfters Tiere?«, fragt Aylin Leon.

»Ja, mit meinem Papa im Wald.«

»Hast du's gut!«

»Geht so.«

Aylin will nicht nachfragen, was Leons *Geht so* bedeutet. Sie schweigen eine Weile und beobachten weiter.

Schließlich sagt Leon: »Es gab mal einen Raben, der hieß Jimmy. Der war richtig berühmt und spielte in Filmen mit. Er war superschlau und konnte über zweihundert Wörter sprechen und sogar auf einer Schreibmaschine schreiben.«

»Wie cool ist das denn!«, ruft Aylin. »Erzähl mir noch mehr über Raben!«

Leon freut sich, dass Aylin sich für sein Rabenwissen interessiert.
Er erzählt weiter: »Raben gehören zu den schlauesten Tieren der Welt.
Sie sind mindestens so schlau wie Schimpansen und Orang-Utans.
Auf jeden Fall schlauer als Menschenbabys.«

Aylin kichert.

»Und wusstest du, dass Raben zu den wenigen Tieren gehören,
die anderen Tieren Streiche spielen? Damit testen sie aus, wie weit
sie gehen können. Zum Beispiel werden Raben immer wieder dabei
beobachtet, wie sie auf dem Rücken von genervten Wildschweinen
durch die Gegend reiten.«

»Wildschweinrodeo! Das ist ja zu lustig«, prustet Aylin.

Leon kennt noch einen Rabenstreich: »Sie ärgern auch gerne mal

Greifvögel, indem sie extra Sturzflüge neben ihnen machen. Sie können sogar Loopings!«

Aylin klatscht in die Hände: »Oh, Raben sind so cool!«

Leon lächelt: »Find ich auch.«

Aylin freut sich, dass sie jemand getroffen hat, der Tiere genauso liebt wie sie. »Jimmy ist ein toller Name für einen Raben. Bitte erzähl mir noch mehr über die Rabenmagie!«, sagt sie. Da erschrickt sie: »Oh nein! Schau mal, Leon! Unser Jimmy sieht aus, als ob er gleich ins Wasser fällt.«

Der kleine Rabe steht gefährlich nah am Rand des Walrosssteins.

»Können Raben schwimmen?«, fragt Aylin.

Leon schüttelt langsam den Kopf: »Nein. Aber ...« Doch Aylin ist aufgesprungen und ruft: »Los, wir müssen Jimmy retten!«

Entschlossen springt sie über den Zaun und landet mit einem großen Sprung neben Jimmy auf dem Stein. Von dort aus ruft sie Leon zu: »Darf ich ihn in meine Hand nehmen oder wird er dann von seinen Eltern verstoßen?« Aylin hatte mal gehört, dass man Tierbabys nicht in die Hand nehmen darf, weil sie dann nach Mensch riechen, und das schreckt die Eltern ab.

Leon ist sich unsicher, ob sie nicht doch besser einfach weiter beobachten sollen. Nachdenklich sagt er: »Das ist bei Rehen oder Hasen so. Raben können nicht so gut riechen. Außerdem würden Rabeneltern niemals ihre Babys verstoßen. Sie kümmern sich liebevoll um ihre Kinder und bleiben ihr Leben lang zusammen, nicht so wie Menscheneltern.«

»JA ODER NEIN?«, ruft Aylin fast ein wenig panisch, weil Jimmy seine rechte Kralle bereits ins Wasser tunkt.

»Du darfst ihn in die Hand nehmen«, seufzt Leon.

Kaum liegt Jimmy in Aylins Händen, sieht er sehr zufrieden aus. Aylin lächelt ihn an: »Hallo, kleiner Jimmy! Du bist so süüüß. Leon, ich glaube, er hat mir gerade zugezwinkert. Das gibts doch gar nicht. Bist du ein magischer Rabe, Jimmy?«

Jetzt hält es Leon nicht mehr aus und springt auch über den Zaun – jedoch nicht ohne sich vorher genau umzuschauen, damit sie auch keinen Ärger bekommen.

Er hüpft zu Aylin auf den Walrossstein. »Hallo, Jimmy!«, sagt Leon und streichelt sanft die lustige Wibbelfeder auf dem Rabenkopf. Das gefällt Jimmy sehr, genüsslich rekelt er sich in Aylins Hand.

Aylin und Leon lächeln sich an.

Leon mag Aylins Mut und Entschlossenheit.

Aylin wiederum mag Leons sanfte, vorsichtige Art und dass er so viel über Raben weiß, ohne sich etwas darauf einzubilden. Vielleicht ist es diesmal doch gar nicht so schwer, eine neue Freundschaft zu knüpfen, denkt Aylin. Und dann denkt sie daran, was Leon vorhin über Menscheneltern gesagt hat, die nicht mehr zusammen sind.

Leise sagt sie: »Meine Eltern haben sich auch getrennt.«

Leon nickt. Mehr brauchen sie nicht zu sagen.

Aufmerksam hat Jimmy mitgehört.

Plötzlich fängt er an zu zittern. Erst nur ein bisschen, dann immer mehr, als ob er stark frieren würde.

Die Kinder schauen sich besorgt an.

Leon überlegt: »Jimmy braucht die Wärme seiner Eltern. Wir müssen ihn zurück in sein Nest setzen! Das kann man machen, stand in dem Buch.«

»Dann lass uns das Nest suchen!«, ruft Aylin und rennt zum nächsten Baum.

Jimmy schüttelt sein Köpfchen und deutet mit seinem Flügel auf Aylin und Leon.

Leon ruft ihr hinterher: »Aber sei vorsichtig! Rabeneltern tun alles, um ihre Jungen zu beschützen.«

Doch Aylin, deren zweiter Vorname Oberkletterweltmeisterin ist, hangelt sich schon geschickt am Stamm hoch. Leon schaut ihr beeindruckt zu, während er Jimmy mit seinen Händen wärmt.

In kürzester Zeit klettert Aylin auf sämtliche Bäume im Park. Aber leider findet sie weit und breit kein Vogelnest.

Erschöpft und enttäuscht lässt sich Aylin neben Leon auf den Rasen fallen. Sofort fängt Jimmy an zu zittern. Er schlingt seine Flügel um sich, als ob er fürchterlich frieren würde.

»Was will er uns nur sagen?«, rätselt Aylin.

»Ihm ist auf jeden Fall kalt. Vielleicht hätten wir ihn doch nicht hochnehmen sollen?«, fragt sich Leon besorgt. »Dann wären seine Eltern gekommen und hätten ihn nach Hause geholt.«

Jimmy schüttelt energisch den Kopf.

Trotzdem macht sich auch Aylin Vorwürfe, dass sie Jimmy in die Hand genommen hat: »Mist! Und jetzt?«

Leon ist sich unsicher: »Vielleicht setzen wir ihn ab und warten, ob seine Eltern angeflogen kommen?«

Leon setzt Jimmy auf den Rasen. Daraufhin tippt der kleine Rabe empört mit seinem Flügel gegen seinen Kopf. Hektisch deutet er auf etwas, das hinter Aylin und Leon ist. Doch die Kinder starren nach wie vor auf Jimmy und können es kaum glauben. »Hat Jimmy uns gerade einen Vogel gezeigt?«, ruft Leon.

»Yep, das Gefühl hatte ich auch.«

Dann erst schauen sie in die Richtung, in die Jimmy so nachdrücklich deutet.

»Au Backe!«, ruft Aylin. Denn da kommt ein dicker, fetter Kater angesprungen.

In letzter Sekunde nimmt sie Jimmy in ihre rettenden Hände: »Jimmy wollte uns warnen! Ich krieg eine Gänsehaut.«

Leon jubelt: »Das ist ja wirklich Magie! Jimmy spricht mit uns!«

Leon und Aylin lächeln sich an und streicheln Jimmy liebevoll.

4

In diesem Moment kommt ein ziemlich unfreundlicher Mann mit seinem Dackel vorbei. Er hat alles beobachtet und schimpft: »Warum mischt ihr euch da ein? Fressen und gefressen werden, so läuft das. Was glaubt ihr, warum Vögel mehrere Küken bekommen? Da ist der Verlust schon mit eingerechnet.«

»Das kann ja wohl nicht wahr sein!«, schreit Aylin.

»Wir lassen Jimmy doch nicht sterben!«, protestiert auch Leon.

Entschlossen drehen sich die Kinder um und gehen mit Jimmy weg.

Der Mann schimpft ihnen hinterher: »Ihr denkt wohl, ihr könntet euch alles erlauben. Diese Kinder von heute ...«

Grimmig schauen Aylin und Leon zu, wie der Mann mit seinem Dackel weggeht. Dann sagt Aylin: »Lass uns schwören, dass wir uns so lange um Jimmy kümmern, bis er seine Eltern wiedergefunden hat.«

»Ich schwöre«, sagt Leon feierlich und hält seine rechte Hand in die Luft.

Daraufhin formt Jimmy mit seinen Flügeln ein Herz.

Die Kinder können es kaum glauben.

Aylin nimmt Leons Hand.

Eine Weile stehen sie so da.

Dann überlegt Aylin: »Steht in deinem Buch auch, wie man einen Raben pflegt?«

Leon blättert durch die Seiten: »Hier steht: Für die richtige Pflege ist es wichtig zu wissen, ob der aufgefundene Vogel ein Nestling oder ein Ästling ist.« Leon schaut sich Jimmy lange an: »Ich glaube, Jimmy ist ein Ästling.«

Aylin antwortet: »Ganz klar Ästling. Was ist eigentlich ein Ästling?«

»Ästlinge sind Küken, die bereits das Nest verlassen haben und bereit für das Flugtraining sind. Sie haben auch schon ein dichtes Gefieder. Nestlinge heißen die frisch geschlüpften Rabenküken. Sie können noch nicht ohne die Eltern überleben.« Leon erschrickt, als er weiterliest: »Bei einem Ästling soll man unbedingt abwarten, ob die Eltern kommen, um ihn zu füttern.«

»Wir haben doch schon lange genug gewartet«, meint Aylin beruhigend.

Leon ist trotzdem beunruhigt. Er liest vor: »Nur bei Gefahr darf man einen Ästling mit nach Hause nehmen.«

»Jimmy ist doch in Gefahr! Hallo? Der dicke Kater! Der alte Meckeropa. Der Teich. Tausend Gefahren überall!«

Leon ist sich unsicher.

Da fängt Jimmy wieder an, fürchterlich zu zittern. Er klappert sogar mit seinem Schnabel vor Kälte.

Aylin beugt sich zu Jimmy und spricht mit ihm wie mit einem kleinen Menschenbaby: »Dir ist kalt, mein Kleiner, oder?«

Jimmy nickt heftig.

Leon liest weiter: »Am besten, man baut ihm in einem Schuhkarton ein Ersatznest und legt etwas Gemütliches wie eine alte Wollsocke oder Stoffreste hinein. Eine Rotlichtlampe sorgt für die nötige Wärme.« Ratlos lässt Leon das Buch sinken. »Woher sollen wir denn das alles bekommen?«

Aylin jedoch ist bereits aufgesprungen und ruft: »Los, meine Mama hat garantiert jede Menge Schuhkartons zu Hause! Eine Rotlichtlampe haben wir auch, das weiß ich ganz genau. Und Wollsocken gibt es bei uns sowieso im Überfluss.«

Während Leon noch darüber nachdenkt, dass Aylins Mama anscheinend ganz schön viele Sachen hat, schmiedet Aylin schon einen Plan: »Okay, wir machen das so: Wir bauen Jimmy bei mir ein tragbares Nest. Und dann wechseln wir uns mit der Pflege ab. Mal kümmerst du dich um Jimmy und mal ich. Ganz gerecht.«

Weil Leon ein bisschen zögert, sagt Aylin noch: »Ich helfe dir nachher auch, das Nest zu dir nach Hause zu tragen, okay?«

Leon nickt, doch dann schüttelt er schnell den Kopf: »Meinen Papa stresst Besuch. Erlaubt deine Mama denn, dass wir einfach so zu dir nach Hause dürfen?«

»Erlauben? Meine Mama wird vor Freude ausflippen!«, lacht Aylin.

»Okay, dann bringen wir Jimmy jetzt erst mal zu dir. Ich muss nur eben meinem Papa Bescheid geben, dass ich später eine Freundin mitbringen möchte. Und Jimmy. Wartest du kurz? Ich bin gleich wieder da.« Leon steht auf, schnappt sich sein Vogelbuch und will losrennen.

Aylin lächelt. Leon hat sie gerade Freundin genannt. Und dann fragt sie ihn: »Kannst du mir das Vogelbuch dalassen? Dann ist mir nicht so langweilig.«

Leon gibt das Buch nur sehr ungern aus der Hand.

»Bitte! BITTE! BÜÜÜÜÜÜÜÜÜÜÜTTE!«, fleht Aylin ihn an.

Leon schärft Aylin ein: »Okay! Aber pass gut drauf!« Dann rennt er davon.

5

Weil Aylin noch nicht lesen kann, schaut sie sich die Bilder an. Besonders interessieren sie die, auf denen gezeigt wird, was Raben gerne essen. Sie zeigt Jimmy die Essensbilder. Er deutet daraufhin mit seinem Flügel auf das Bild mit dem Regenwurm. Da es ewig dauert, bis Leon zurückkommt, fängt Aylin schon mal an, Regenwürmer für Jimmys Abendessen zu sammeln.

Als Leon endlich wiederkommt, hat Aylin bereits elf Würmer gesammelt und sie in eine leere Chipstüte gesteckt, die sie im Mülleimer gefunden hat.

»Das hat aber lange gedauert«, sagt Aylin, als Leon schließlich vor ihr steht.

Leon tut es aufrichtig leid: »Ich musste erst meinen Papa überzeugen. Er macht sich immer viele Sorgen.«

»Ich hab schon gedacht, du kommst nie wieder«, murmelt Aylin.

Leon kann es kaum glauben, dass Aylin ernsthaft dachte, er würde nicht wiederkommen: »Ich lass dich und Jimmy doch nicht im Stich!«

»Versprochen?«, fragt Aylin.

»Versprochen!«, sagt Leon. »Außerdem haben wir doch geschworen, dass wir uns so lange um Jimmy kümmern, bis er seine

Eltern wiedergefunden hat. Hast du das etwa schon vergessen?« Jetzt ist Leon derjenige, der entschlossen auftritt. Er ruft: »So, und jetzt ab zu dir!«

Wie von Aylin vorausgesagt, ist ihre Mama völlig aus dem Häuschen, als Aylin und Leon atemlos vor der Haustür stehen.

»Hi, Mama. Das ist mein Freund Leon – und wir müssen Jimmy retten!«, sagt Aylin und reckt ihrer Mutter die Hände entgegen. Eingekuschelt in Aylins Handflächen hockt Jimmy. Er sieht fast so aus, als ob er lächeln würde.

»Oha, wo habt ihr den denn gefunden?« Layla strahlt die Kinder an.

»Mama, Jimmy spricht mit uns. Er hat magische Fähigkeiten!«

Layla lacht und macht die Tür weit auf: »Zieht doch erst mal eure Schuhe aus und kommt rein!«

»Wirklich, Mama?«

»Aber sicher, mein Schatz.« Layla freut sich so sehr darüber, dass Aylin einen Freund gefunden hat, dass sie beide Augen zudrückt. Denn eigentlich mag sie keine Tiere im Haus. Schon gar keine wilden.

»Am besten, ihr wascht euch gleich mal die Hände, ja?«, sagt sie.

»Und dann zieht ihr ab sofort bitte Gummihandschuhe an. Nicht dass das süße Rabenküken eine Krankheit hat.«

Als Aylins Mama den grimmigen Blick ihrer Tochter sieht, fügt sie schnell hinzu: »Natürlich werden wir alles tun, um den kleinen Kerl zu retten! Habt ihr Durst? Hunger? Soll ich euch einen Snack besorgen?«

Leon schwirrt der Kopf vor lauter Fragen. Jimmy macht Layla nach, die aufgeregt hin und her flattert.

Leon und Aylin kichern.

Dann sagt Aylin: »Nein danke, Mama. Aber wir brauchen einen Schuhkarton, eine Wollsocke und die Rotlichtlampe.«

Sofort eilt Layla in die Abstellkammer und kramt gleich drei edel aussehende Schuhkartons, feinste Wollsocken und eine große Rotlichtlampe hervor. Dann guckt sie erschrocken auf die Uhr und hetzt zurück in ihr Arbeitszimmer: »Sorry, ihr Süßen! Kommt ihr klar? Mein nächster Call wartet.«

Aylin legt die Wollsocken in den kleinsten Schuhkarton, stellt den Karton auf den Esstisch und setzt Jimmy hinein. Sie findet, er sieht ganz zufrieden aus. Bestimmt mag er sein superkuscheliges Nest.

Leon ist auch der Meinung, dass Jimmy glücklich wirkt. Erst jetzt fällt Leon auf, wie riesig und hell und superteuer Aylins Haus aussieht. Sie stehen in einem riesigen Wohn- und Essbereich mit offener Küche. Die Fenster sind bodentief, ein gigantischer Holztisch, der sehr nobel aussieht, steht mitten im Raum. Jimmys Schuhkartonnest wirkt darauf winzig. »Ihr wohnt hier nur zu zweit?«, staunt er.

Aylin zuckt mit den Achseln und nimmt Jimmys Zuhause vom Tisch. Für sie ist das neue Haus nichts Besonderes. »Ja«, sagt sie nur. »Komm, ich zeig dir mein Zimmer. Nimmst du die Rotlichtlampe mit?«

Als Leon Aylins Zimmer sieht, stellt er staunend die Rotlichtlampe ab: »Das gehört alles dir?«

Aylin zuckt wieder mit den Achseln. Sie stellt den Karton mit Jimmy auf ihrem Couchtisch ab, schnappt sich die Rotlichtlampe und baut sie über Jimmys Karton auf. Als sie die Lampe einschaltet, breitet sich sofort eine wohlige Wärme aus, die Jimmy sichtbar genießt.

Aylin lacht: »Schau mal, Leon: Jimmy ist eingeschlafen!«

Leon grinst.

Aylin lässt sich in die bequeme Hängehöhle fallen, die von der Decke hängt. »Jetzt können wir auch ein bisschen relaxen. Was steht in dem Buch noch über Rabenmagie? Kannst du es mir vorlesen?«

Da geht die Tür auf und Layla kommt mit einem Tablett mit Getränken und zwei bunten Tellern mit Gemüsesticks und selbst gebackenen Dinkelkeksen rein. »Und für Jimmy hab ich lecker Käse. Raben lieben Käse!«, strahlt Layla.

Leon schüttelt den Kopf: »In meinem Buch steht, dass man Raben auf keinen Fall mit Käse füttern soll. Davon können sie schreckliche Bauchschmerzen kriegen.«

»Ach so? Dann besser kein Käse. Bis später!« Schon ist Layla wieder weg.

Aylin grinst: »Nimms nicht persönlich. Meine Mama ist immer in Eile. Außerdem muss ich dich vor ihren Keksen warnen.«

Doch da hat Leon bereits hungrig hineingebissen. Tatsächlich sind die Kekse so hart, dass er erst mal fühlen muss, ob ihm ein Zahn rausgefallen ist.

»Ich hab dich gewarnt!«, lacht Aylin. Dann sagt sie: »Los, ich will noch mehr über die Rabenmagie hören!« Weil Leon nicht gleich reagiert, schnappt sich Aylin Leons Vogel-

buch und blättert darin, als ob es ihr gehört. Leon nimmt es ihr aus der Hand und streicht die Seiten glatt. Dann seufzt er und schlägt das Kapitel auf, in dem es um Magie geht.

»Hier steht: Zauberinnen und Schamanen auf der ganzen Welt wissen, dass Raben über besondere Kräfte verfügen. Wenn ein Rabe in dein Leben fliegt, so glauben sie, ist Magie im Spiel. Dann wird er etwas Großes in deinem Leben bewirken.«

»Abgefahren!«, ruft Aylin.

Leon liest weiter: »Früher hielt man Raben für Botschafter, die zwischen den Welten hin- und herfliegen. Sie galten als Hüter uralter Weisheiten und Erfüller der geheimsten Wünsche.«

»Wunscherfüller! Das klingt so aufregend!«, ruft Aylin.

6

Liebevoll schaut sie den schlafenden Jimmy an: »Was hast du mit uns Großes vor, Jimmy? Was ist dein Plan?«

Auch Leon denkt über die Worte aus dem Vogelbuch nach.

Plötzlich kommt ihm eine Idee. Freudestrahlend verkündet er: »Ich weiß, was Jimmy bewirkt hat: Er hat uns zusammengebracht!«

Aylin strahlt: »Wir sind Rabenfreunde!«

Sie klatschen sich lachend ab.

Da wacht Jimmy auf. Er hat anscheinend schrecklichen Hunger. KRAH! KRAH! KRAAAAAAAAH!

Jimmy reißt seinen Schnabel so weit auf, wie er kann.

Aylin holt schnell die Tüte mit den Würmern, die sie gesammelt hat.

Leon wirft ihr einen anerkennenden Blick zu, selbst in die Hand nehmen möchte er die Würmer lieber nicht. Aylin hat damit kein Problem und steckt dem hungrigen Jimmy einen Wurm nach dem anderen in den Schnabel.

Nach vier Würmern platzt Jimmy fast vor Energie.

Aufgedreht marschiert er auf dem Couchtisch hin und her, als ob er gleich eine wichtige Rede halten möchte.

Aylin und Leon biegen sich vor Lachen. Jimmy genießt die Aufmerksamkeit.

Als Nächstes präsentiert der kleine Rabe seine Flugkünste: Er nimmt Anlauf, springt in die Luft und macht einen Salto. Leon und Aylin klatschen begeistert.

Doch Jimmy kann noch viel mehr: einen doppelten Rückwärtssalto und sogar einen Spagat in der Luft. Leon kann sich nicht erinnern, wann er das letzte Mal so gelacht hat.

Schließlich rennt Jimmy todesmutig zum Rand des Tischs, breitet seine Flügel aus und will losfliegen. Doch dann stürzt er direkt ab und landet auf Leons Beinen. Dort hinterlassen Jimmys spitze Krallen acht minikleine Löcher in Leons Stoffhose.

Leon ist geschockt: »Oh nein!«

»Bist du verletzt?«, fragt Aylin.

»Nein. Aber das gibt richtig Ärger mit meinem Papa.« Er beginnt zu weinen.

»Aber warum denn? Wegen deiner Hose?«, fragt Aylin. »Ist er so streng?«

Leon ist verzweifelt: »Das verstehst du nicht.«

Aylin versteht wirklich nicht, was mit Leon los ist: »Dann erklär es mir doch.«

Doch Leon kann nicht aufhören zu weinen. »Ich will nach Hause«, schluchzt er und zieht die Nase hoch. Jimmy hüpft zu Leon auf die Schulter und versucht, ihn zu trösten, indem er seinen Kopf an Leons Hals schmiegt.

Einfühlsam sagt Aylin: »Ich komme mit und rede mit deinem Papa.«

Leon trocknet schnell seine Tränen und sagt: »Das mache ich lieber allein.« Er schnappt sich den Schuhkarton, setzt den protestierenden Jimmy hinein und flüchtet aus dem Zimmer. »Schickst du mir später ein Foto, wie es Jimmy geht?«, ruft Aylin ihm hinterher.

Leon bleibt stehen und nickt.

Da fällt Aylin ein, dass sie gar nicht Leons Telefonnummer hat. Schnell holt sie eine von Laylas schicken Visitenkarten und gibt sie Leon.

Dann macht sich Leon aus dem Staub.

Aylin schaut ihm ratlos hinterher.

Mit Jimmy im Schuhkarton und hängenden Schultern steht Leon vor seiner Haustür und klingelt. Als sein Papa Pascal die Tür öffnet und sieht, wie traurig Leon ist, nimmt er ihn erst mal in den Arm.

Dann hört er genau zu, was Leon ihm unter Tränen berichtet.

Leons Papa betrachtet den teuren Schuhkarton mit dem kleinen Jimmy drin. »Ist nicht so schlimm mit der Hose«, flunkert Leons Papa, um Leon zu beruhigen, und holt das Flickzeug.

Leon weiß, dass es sehr wohl schlimm ist, weil es seine einzige lange Hose ist und sie so schnell keine neue kaufen können.

Er möchte nicht zusehen, wie sein Papa die Löcher stopft und ihm am Ende wieder so einen blöden Fußballflicken darübernäht. Deswegen verzieht er sich in sein Zimmer und macht die Tür hinter sich zu.

Leon stellt den Karton mit Jimmy auf seinen Schreibtisch. Jimmy schläft tief und fest. Leon legt sich auf sein Bett und grübelt. Was Aylin jetzt wohl von ihm denkt? Ob sie noch mit ihm befreundet sein will, nachdem er einfach so abgezischt ist?

KRAH! KRAH! KRAH!

Jimmy ist aufgewacht und zittert stark. Leon versucht ihn zu streicheln, aber Jimmy legt sich auf den Boden und zittert dort weiter. Plötzlich bewegt er sich überhaupt nicht mehr.

Leon bekommt einen Riesenschreck und schreit: »Papaaaaaaa! Mit Jimmy stimmt was nicht. PAPAAAAAAAAA!«

Pascal stürzt in Leons Zimmer: »Was ist los?«

»Er bewegt sich nicht mehr!« Leon fleht seinen Papa an: »Wir müssen Jimmy zum Arzt bringen! Nicht dass er stirbt.«

Pascal schaut Leon traurig an und schüttelt den Kopf.

Leon schlägt sich seine Hände vors Gesicht. Sein Papa legt ihm die Hand auf seine Schulter: »Es tut mir leid.«

Leon fängt an zu weinen.

Pascal nimmt ihn fest in den Arm: »Komm, wir geben nicht auf. Uns fällt bestimmt eine Lösung ein!«

Da erinnert sich Leon: »Jimmy braucht Wärme! Die hat ihm bei Aylin gutgetan.«

In den nächsten Minuten geben sie alles:

Pascal nimmt Jimmy zum Wärmen in seine großen Hände.

Sie schalten den Backofen ein und setzen Jimmy in seinem Schuhkarton davor.

Leons Papa sucht sogar extra den alten Föhn von Leons Mama hervor, um Jimmy mit warmer Luft anzublasen.

Doch nichts hilft.

Jimmy bewegt sich nicht. Sein winziger Brustkorb hebt und senkt sich kaum merklich.

Da erinnert sich Leon an die Rotlichtlampe von Aylins Mama. Er kramt in seiner Hosentasche nach der Visitenkarte. Er fleht seinen Papa an, bei Aylins Mama anzurufen und ihr zu sagen, dass Jimmy die wärmende Rotlichtlampe braucht und dass sie mit ihm gleich vorbeikommen würden.

Pascal ist das sehr unangenehm. Doch weil Leon sich solche Sorgen um Jimmy macht, gibt er Laylas Nummer in sein Smartphone ein.

Aylin sitzt auf einem der hohen Hocker in der Küche und schaut ihrer Mama zu, die zu lauter Chanson-Musik hektisch das Abendessen zubereitet: Ratatouille, einen französischen Gemüseeintopf.

Weil sie jedoch zwischendurch immer wieder wichtige Textnachrichten verschicken muss, ist Layla abgelenkt. Deswegen geht beim Kochen dauernd etwas schief.

Kaum hat Aylins Mama das Handy weggelegt, klingelt es schon wieder:

»Hallo, guten Abend. Hier spricht der Papa von Leon.«

Layla schaltet auf laut.

»Jimmy geht es sehr schlecht. Er bewegt sich kaum noch.«

Aylin fängt an zu weinen. Layla ruft aufgeregt: »Was sagen die Tierärzte? Was ist die offizielle Diagnose?«

»Wir glauben, dass Jimmy Ihre Rotlichtlampe guttun würde.«

»Wie: Sie glauben das?« Jetzt begreift Aylins Mutter: »Sind Sie gar nicht in der Tierklinik? Warum nicht?«

Leons Papa wiederholt: »Wir würden Jimmy gerne vorbeibringen, ist das okay?«

»Aber schnell!«, antwortet Layla und legt auf.

Es dauert ewig, bis Leon und sein Papa mit ihren Fahrrädern vor Aylins Haustür stehen.

Aylins Mama kann es nicht fassen: »In der Zeit wäre ich ja schon dreimal zur Tierklinik gefahren!«

»Wir haben kein Auto«, antwortet Leons Papa knapp. Leon schaut auf die großen Hände seines Papas, wie er sie angespannt knetet.

»Lebt der Kleine denn überhaupt noch?«, fragt Aylins Mama besorgt und Aylin tritt zu Leon, der vorsichtig den Deckel hochhebt.

Jimmy liegt unverändert auf der Seite und bewegt sich nicht,

aber Aylin kann deutlich sehen, dass er flach atmet. Sie streichelt über Jimmys lustige Wibbelfeder, da hebt er schwach seinen Kopf.

»Jimmy!«, jubeln Leon und Aylin gleichzeitig.

»Wir fahren jetzt sofort zur Tierklinik. Ich hole schnell meine Autoschlüssel«, ruft Layla.

Langsam sagt Pascal: »Wir können uns das aber nicht leisten.«

Jetzt versteht Aylins Mama die Welt nicht mehr: »Ach, wird schon nicht so teuer sein. Vielleicht hundert Euro?«

Leons Papa sagt nichts, sondern beißt seine Zähne zusammen. Gleich knallts, denkt Aylin. Sie versucht, Leon zuzulächeln, aber der starrt nur auf die Flicken auf seiner Hose.

Aylins Mama merkt, dass Leons Papa die Situation peinlich ist. »Wir können uns die Kosten ja teilen«, schlägt sie vor.

Betont ruhig antwortet Leons Papa:

»Von hundert Euro leben wir eine ganze Woche lang. Ich kann auch nicht die Hälfte der Behandlungskosten tragen. Das bedeutet aber nicht, dass wir Jimmy weniger lieb haben, uns fehlt nur einfach das Geld.«

Leon lässt seinen Kopf hängen.

Aylin würde ihn am liebsten in den Arm nehmen.

Als Pascal sieht, wie traurig sein Sohn aussieht, spürt auch er einen dicken Kloß in seinem Hals.

Leon fasst die Hand seines Papas und hält sie ganz fest.

Aylin sieht ihre Mama vorwurfsvoll an. Allen ist die Situation sehr unangenehm und am unangenehmsten scheint sie Aylins Mama zu sein. Sie hat sich überhaupt keine Gedanken darüber gemacht, warum Leon und Pascal nicht zur Tierklinik gefahren sind. Und sie wollte den beiden ganz bestimmt nicht zu nahe treten.

Wegen des Streits hat niemand mehr auf Jimmy geachtet. Der hat seinen kleinen Kopf aus dem Karton gereckt und alles genau beobachtet. Aufgeregt kräht er:

Dann hüpft er im Schuhkarton hin und her und schlingt dabei wieder seine Flügel um sich.

»Er friert!«, ruft Leon.

»Die Rotlichtlampe!«, ruft Aylin.

Auch Aylins Mama und Leons Papa sind erleichtert, dass Jimmy wieder auf den Beinen ist.

Aylin gibt ihrer Mama einen Stups, woraufhin Layla sagt: »Es tut mir wirklich leid. Das ist mir so unangenehm. Bitte entschuldigen Sie, kommen Sie doch rein –«

PIEP. PIEP. PIEP!

PIEP. PIEP. PIEP!

PIEP. PIEP. PIEP!

Der Rauchmelder aus der Küche schlägt Alarm. »Oh nein, das Essen!«, schreit Layla und stürmt in die Küche, aus der große Rauchwolken kommen. Alle rennen ihr hinterher.

Aus dem Kochtopf steigt Rauch auf.

Pascal schnappt sich den Topfdeckel, macht den Topf schnell zu und nimmt ihn vom Herd. Doch in der Küche ist alles voller Rauch. Aylins Mama ist den Tränen nah.

Pascal reißt die Fenster auf und ruft: »Wir brauchen Kaffeepulver!«

Layla traut sich nicht zu fragen, warum. Aylin rennt los und übergibt Leons Papa die Kaffeedose, der daraufhin überall Teller mit Kaffeepulver aufstellt. »Kaffee saugt schlechte Gerüche auf.«

»Saugt er auch schlechtes Gewissen auf?«, fragt Aylins Mama kleinlaut, die sich immer noch schämt für das, was sie zu Leons Papa gesagt hat.

Aylin und Leon müssen lachen.

Traurig schaut sich Aylins Mama ihre verbrannte Ratatouille an: »Das wars dann wohl mit unserem französischen Abendessen.«

»Ist nicht so schlimm, Mama«, tröstet Aylin, die das Gericht sowieso nicht mag.

Leon boxt seinen Papa in die Seite: »Kannst du nicht noch mal Opas Spezial-Quiche machen?«

Pascal brummt und nickt. Weil Aylin nicht weiß, was eine Quiche ist, erklärt Leon ihr: »Quiche ist wie Flammkuchen, nur noch leckerer.«

»Lieben Sie französisches Essen auch so sehr?«, fragt Layla lächelnd.

»Bien sûr!«, sagt Pascal auf Französisch. »Immerhin wurde ich in

Frankreich geboren. Vor Corona hatte ich ein kleines französisches Restaurant nicht weit von hier«, antwortet Pascal, der sich in Laylas Kühlschrank nach Zutaten umsieht. Aylins Mama kann ihr Glück gar nicht fassen.

In der Zwischenzeit eilen die Kinder in Aylins Zimmer, um Jimmy mit der Rotlichtlampe zu wärmen.

Die Wärme tut Jimmy sichtlich gut. Er sieht schlagartig viel munterer aus und lässt sich sogar mit Würmern füttern.

Leon und Aylin sind erleichtert.

Da macht Jimmy einen Luftsprung und fliegt zum Fenster. Auf dem Fensterbrett draußen sitzen zwei große Raben.

»Seine Eltern«, flüstert Aylin. Sie schaut Leon fragend an. Als dieser nickt, öffnet Aylin das Fenster und Jimmy fliegt glücklich in die Arme seiner Eltern.

»Jetzt ist die Familie wieder zusammen«, sagt Aylin und wischt sich eine Freudenträne aus dem Augenwinkel.

Leon nickt und umarmt seine Freundin.

»Komm, wir sagen es unseren Eltern!«, sagt Leon.

Leon und Aylin rennen in die Küche, aus der schon wieder laute Chanson-Musik erklingt.

Ihre Eltern schnippeln gemeinsam Gemüse, singen, lachen und scheinen sich wirklich blendend zu verstehen.

Aylin flüstert Leon zu: »Vielleicht hatte Jimmy nicht den magischen Auftrag, uns zusammenzubringen, sondern unsere Eltern!«

Leon schüttelt sich vor Lachen.

Da sehen sie, wie Jimmy mit seinen Eltern langsam am Küchenfenster vorbeifliegt und winkt. Zum Abschied werfen ihnen zwei große und ein kleiner Rabe Luftküsse zu.

Layla und Pascal trauen ihren Augen kaum.

»Das gibts doch gar nicht!«, ruft Aylins Mama.

»Träum ich oder haben diese Raben uns gerade Luftküsse zugeworfen?«, fragt Leons Papa.

Leon und Aylin nicken wissend.

Und dann verbringen alle zusammen noch einen richtig schönen Abend. Als Aylin, Layla, Pascal und Leon später glücklich in ihren Betten liegen, denken sie noch lange an den aufregenden Tag voller Rabenmagie. Und an die vielen, vielen Erlebnisse und Abenteuer mit neuen Freundinnen und Freunden, die auf sie warten.

Was tun,
wenn du ein Rabenbaby findest?

Wenn du ein unverletztes Rabenbaby in der Natur findest, das bereits Federn hat, setz es an einen sicheren Platz in der Nähe des Fundortes. Warte nun in der Ferne ab, ob es ein Ästling ist. Dann werden Eltern in der Nähe sein, um es zu füttern, und du brauchst dir keine Sorgen zu machen.

Wenn das Rabenbaby ein Nestling ist, also keine Federn hat, kannst du versuchen, es wieder in sein Nest zu setzen.

Nur wenn das Küken eindeutig krank oder verletzt ist und nach Stunden intensiver Beobachtung keine Eltern vorbeikommen, benö-

tigt es Hilfe. Informiere dich am besten im Internet beim Natur-
schutzbund NABU, was du nun als Nächstes tun solltest:

https://www.nabu-vogelschutzzentrum.de/vogelpflege/vogel-
gefunden-was-tun/

Raben sind sehr schlaue Vögel, brauchen aber zum Aufwachsen ihre
Eltern und Familie. Nur so lernen sie, wie man sich als Rabe verhält,
und haben später in der Natur die besten Chancen zu überleben.